L'HISTOIRE
DE LA
PETITE FOURMI
QUI VOULAIT DÉPLACER
DES MONTAGNES

MICHAËL ESCOFFIER
KRIS DI GIACOMO

Allez maman ! S'il te plaît !

S'il te plaît !

S'il te plaît !

S'il te plaît !

Bon, juste une alors,
et après dodo.
Promis ?

Promis !

Alors voilà... C'est l'histoire d'une petite fourmi
qui voulait déplacer des montagnes...

Encore !
Tu me racontes TOUJOURS
des histoires de fourmis !

C'est normal. Tu ne veux tout de même pas
que je te raconte des histoires de DRAGONS !

Oh oui super !
Une histoire de dragon !
S'il te plaît maman !

S'il te plaît !

S'il te plaît !

D'accord, d'accord, calme-toi. Alors voilà,
c'est l'histoire d'un gentil petit dragon
qui crachait de l'eau….

Oh non, c'est nul !
Les dragons sont **pas gentils**.
Ils sont très **très méchants**.
Et puis d'abord ils crachent du **feu**,
pas de l'eau…

Très bien,
si tu veux,
c'est l'histoire
d'un petit dragon
qui crachait du feu.

Oui mais voilà,
à force de cracher
du feu, il avait
mal à la gorge.

Alors il va chez le docteur qui lui dit :
« Ouvrez la bouche et faites " Aaaah … " »
Et comme il est bien élevé,
le petit dragon ouvre la bouche…

Et il crache du **feu** sur le docteur !

Si ! Il crache du feu sur le docteur et le docteur, il court à la rivière pour éteindre le feu...

Bon, si tu veux.
Le docteur court à la rivière
pour éteindre le feu.
Ensuite, il rentre chez lui,
le petit dragon s'excuse
de lui avoir craché dessus...

Parce que, dans la rivière,
il y a un **crocodile**
qui lui mord les fesses.

Un crocodile ?

**Oui, un gros crocodile
tout vert avec de grandes dents.**

Oulala ! Pauvre docteur, ça doit faire mal...

**Oui, très très mal. Donc vite,
il prend un bâton pour taper
sur la tête du crocodile...**

Paf !

Mais en fait c'est **pas** un bâton,
c'est une défense de **mammouth**...

Le mammouth, lui, il croit qu'on essaie de lui **voler** ses défenses.
Alors il s'énerve et **il envoie le docteur dans un arbre.**

Mais là, pas de chance,
parce qu'il tombe pile
sur un nid de ptérodactyles.

Et les ptérodactyles, en général,
ils aiment bien être tranquilles.

Et tu sais pourquoi maman ?

Parce que là, y a une petite fourmi qui arrive et qui déplace la montagne.